Olla De Cocción Lenta

Recetas De Cocción Lenta Para Cenas Increíbles

(Recetas Únicas Y Sabrosas)

Baruc Ponce

Publicado Por Daniel Heath

© **Baruc Ponce**

Todos los derechos reservados

Olla De Cocción Lenta: Recetas De Cocción Lenta Para Cenas Increíbles (Recetas Únicas Y Sabrosas)

ISBN 978-1-989837-04-7

Este documento está orientado a proporcionar información exacta y confiable con respecto al tema y asunto que trata. La publicación se vende con la idea de que el editor no esté obligado a prestar contabilidad, permitida oficialmente, u otros servicios cualificados. Si se necesita asesoramiento, legal o profesional, debería solicitar a una persona con experiencia en la profesión.

Desde una Declaración de Principios aceptada y aprobada tanto por un comité de la American Bar Association (el Colegio de Abogados de Estados Unidos) como por un comité de editores y asociaciones.

No se permite la reproducción, duplicado o transmisión de cualquier parte de este documento en cualquier medio electrónico o formato impreso. Se prohíbe de forma estricta la grabación de esta publicación así como tampoco se permite cualquier almacenamiento de este documento sin permiso escrito del editor. Todos los derechos reservados.

Se establece que la información que contiene este documento es veraz y coherente, ya que cualquier responsabilidad, en términos de falta de atención o de otro tipo, por el uso o abuso de cualquier política, proceso o dirección contenida en este documento será responsabilidad exclusiva y absoluta del lector receptor. Bajo ninguna circunstancia se hará responsable o culpable de forma legal al editor por cualquier reparación, daños o pérdida monetaria debido a la información aquí contenida, ya sea de forma directa o indirectamente.

Los respectivos autores son propietarios de todos los derechos de autor que no están en posesión del editor.

La información aquí contenida se ofrece únicamente con fines informativos y, como tal, es universal. La presentación de la información se realiza sin contrato ni ningún tipo de garantía.

Las marcas registradas utilizadas son sin ningún tipo de consentimiento y la publicación de la marca registrada es sin el permiso o respaldo del propietario de esta. Todas las marcas registradas y demás marcas incluidas en este libro son solo para fines de aclaración y son propiedad de los mismos propietarios, no están afiliadas a este documento.

TABLA DE CONTENIDO

Parte 1 1

Introducción 2

Capítulo 1: Desayuno 4

AVENA DE IMITACIÓN TRASNOCHADA 4
QUICHE SIN CORTEZA 6
PASTEL DE CAFÉ 8
PANQUÉS DE SALVADO 11

Capítulo 2: Aperitivos 13

CHAMPIÑONES ITALIANOS 13
ALMENDRAS CON AJO Y PIMIENTA 15
CAVIAR DE BERENJENA 17
ALITAS DE POLLO BÚFALO CON SALSA DE QUESO AZUL .. 19
FRIJOLES NEGROS Y CHILI VERDE CON QUESO 21
FONDUE DE QUESO 23
SALSA REUBEN 24
BOTANA PARA FIESTAS 26

Capítulo 3: Sopas Y Estofados 28

ESTOFADO DE RES ESTILO CHUCKWAGON 28
SOPA DE CEBOLLA FRANCESA 30
SOPA PHO 33
BISQUE DE GORGONZOLA 35
ESTOFADO DE POLLO, PASTA Y VEGETALES 37
SOPA DE CALABAZA Y BELLOTA 39
SABROSO ESTOFADO DE PESCADO 41
SOPA THAI 43

Estofado De Cerdo Con Pimientos Y Calabacín 45
Estofado De Nueces Africanas 47

Capítulo 4: Chili Y Cremas 49

Chili Con Calabaza 49
Crema De Pescado 51
Chili De Pollo Con Arroz De Naranja Y Cilantro ... 53
Crema De Pescado Escandinavo 56
Chili California 58
Crema De Tres Quesos Y Papas 60
Chili De Lomo 62
Crema De Camarones Y Vegetales 64

Capítulo 5: Mariscos 66

Sopa De Salmón Y Arroz Salvaje 66
Sopa De Cangrejo De Maryland 68
Estofado De Camarón Y Ocra 70
Sopa Toscana De Pescado 72
Estofado De Pescado Aromatizado Con Hinojo 74
Sopa China De Ostra 76
Bagre En Salsa Criolla 77
Sopa Mexicana De Elote Y Camarones 79

Capítulo 6: Recetas Vegetarianas 81

Estofado De Alubia Dulce 81
Sopa De Crema De Maíz 83
Estofado De Vegetales Estilo Colombiano 85
Crema De Ajo De Magia Negra 87
Estofado De Vegetales Estilo Marroquí Con Cuscús
 89
Sopa De Champiñones Y Alubias En Maple 91

ESTOFADO ARGENTINO 93
SOPA DE CALABAZA DE INVIERNO EN JEREZ 95

Capítulo 7: Postres 97

CRÈME BRÛLÉE 97
MOUSSE DE CHOCOLATE 99
PASTEL DE PUDÍN TROPICAL 101
PASTEL GLASEADO DE ARÁNDANOS Y NARANJA 103
PASTEL DE QUESO CON CHOCOLATE Y FRAMBUESA 105

Conclusión 109

Parte 2 110

Introducción 111

Sopa De Frijol Negro 114

Sopa De Frijol Blanco 115

Sopa Vegana De Cannellini 117

Sopa De Lasaña 118

Sopa Mediterránea De Col 119

Sopa De Frijoles Blancos Y Patatas 121

Sopa De Calabaza 122

Sopa Francesa De Cebolla 124

Sopa De Repollo Y Zanahoria 125

Sopa Italiana Vegana 126

Sopa De Tomate 128

Sopa De Patata Y Espárragos 129

Sopa De Guisantes 130
Sopa Caliente Y Amarga 132
Estofado Sabroso De Verduras 133
Guiso De Coliflor Y Garbanzos 135
Guiso De Frijoles De Ojo Negro 137
Guiso De Frijoles Blancos 138
Guiso De Invierno Con Seitán 139
Guiso De Patata Y Col 141
Guiso De Lentejas 142
Guiso Africano De Maní 144
Guiso De Champiñones 145

Parte 1

Introducción

Quiero agradecerte y felicitarte por descargar el libro.

Este libro contiene unas fáciles y exquisitas recetas para la olla de cocción lenta que todo mundo puede hacer.

¡En este libro, encontrarás muchas opciones de recetas deliciosas y saludables para la olla de cocción lenta, incluyendo desayunos, aperitivos, sopas, estofados, chiles, cremas, platillos vegetarianos, e inclusive el postre para ti y para tu familia!

Cualquier persona se puede beneficiar enormemente de tener en conjunto este libro de recetas acompañado de una olla de cocción lenta en la cocina. Todo lo que necesitas es primero elegir las comidas que quieres hacer, ir al supermercado a conseguir los ingredientes, y preparar todo con tu olla de cocción lenta en tu tiempo libre.

Preparar tus comidas de todos los días con una olla de cocción lenta, no solo es saludable pero también es económico y eficaz para tu tiempo. La mayoría de las recetas que requieren una olla de cocción lenta solamente te piden que pongas todo junto en la olla, ajustes el tiempo y temperatura adecuados, y después eso es todo.

Una olla de cocción lenta de alta calidad no tendrá riesgos si la dejas en casa cocinando y manteniendo el platillo caliente hasta la hora del almuerzo o la cena. Las ollas lentas también mejoran el sabor de tus comidas porque les da tiempo a tus platillos a capturar el sabor de las diversas hierbas, especias y condimentos que has usado. Comienza a cocinar con ollas lentas y te ahorrarás tiempo para ti, y disfrutarás de platillos más deliciosos y saludables también.

Comencemos el recorrido.

Capítulo 1: Desayuno

Avena de Imitación Trasnochada

Para 2 Porciones
Ingredientes:
- 1 3/4 tazas de chocolate amargo o leche de almendras sabor vainilla
- 4 cucharada sopera de linaza dorada recién molida
- 3 cucharaditas de cáscara de zaragatona
- 1/2 taza de proteína de suero de leche sabor vainilla o chocolate
- 1/2 cucharada sopera de extracto de vainilla
- 1 gota de endulzante artificial
- 1/4 cucharadita de nuez moscada
- 1/4 cucharadita de canela
- Opcional: hojuelas de coco, nueces o mantequilla de maní.

Instrucciones:
1. En una olla lenta de 3 cuartos, mezcla todos los ingredientes juntos. Revuelve bien.
2. Ajusta la olla lenta a temperatura baja,

y déjala reposar por la noche para que permitas que todos los sabores se combinen bien y que la avena de imitación se espese.

Quiche Sin Corteza

Para 4 porciones

Ingredientes:

- 2 rebanadas de tocino
- ½ cucharada sopera de mantequilla
- 1 taza de champiñones portobello (en trozos grandes)
- 1/4 taza de pimiento morrón en trozos
- 4 huevos
- 3/4 tazas de queso suizo o gruyer
- 1/2 taza de leche de almendras (natural)
- 1 cucharada sopera de cebollino fresco
- 1/4 cucharadita de sal de mar
- 1/8 cucharadita de pimienta negra molida
- 1 cucharada sopera de harina de coco

Instrucciones:

1. Cubre una olla lenta de 3 cuartos con papel para hornear. Engrasa generosamente.
2. Pon una sartén en fuego medio y cocina

el tocino hasta que quede crujiente. Drena bien, después desmorónalo y ponlo a un lado. Tira el resto.

3. Usando la misma sartén, calienta el aceite a fuego medio. Saltea los champiñones y el pimiento morrón por 3 minutos o hasta que queden suaves. Apaga la lumbre, y ponlos a un lado.

4. En un recipiente mediano, bate los huevos, el queso, la leche de almendras sin endulzar, el cebollino, la sal y pimienta. Vierte la mezcla de huevo en los vegetales en la sartén y añade la harina de coco. Revuelve para combinar, y luego vierte la mezcla en la olla lenta. Añade el tocino encima.

5. Tápalo, y cocínalo por 4 horas en temperatura baja o hasta que quede listo. Déjalo reposar por 15 minutos antes de servir.

Pastel de Café

Para 7 porciones

Ingredientes:

- 2 tazas de harina escaldada de almendras
- 1/2 cucharada sopera de polvo para hornear
- 1/2 cucharadita de canela
- 1/3 cucharadita de sal de mar
- 1/4 mantequilla o aceite de coco
- 2/3 endulzante granular
- 3/4 cucharadita de extracto de vainilla
- 2 huevos
- 1/4 taza de leche de almendras sin endulzar

Jarabe:

- 1/4 media taza de azúcar glas
- 3 cucharadas soperas de mantequilla
- 1/6 taza de agua
- 1/2 cucharadita de extracto de vainilla
- 1 1/2 cucharadita de canela molida

Glaseado:
- 4 oz de queso crema
- 1/8 taza de leche almendras (natural)
- 1/8 endulzante granular

Instrucciones:
1. Para hacer el glaseado de queso crema, bate el queso crema con la leche de almendras sabor vainilla y el endulzante. Guárdalo en el refrigerador por la noche para que se espese.
2. Engrasa una olla lenta de 3 cuartos y recorta un pedazo de papel para hornear para cubrir el fondo de la olla. Presiónalo hasta que quede en su lugar y engrasa generosamente.
3. En un tazón grande, combina bien todos los ingredientes. Transfiere la mezcla a la olla lenta usando una espátula o una cuchara.
4. En un tazón pequeño, combina todos los ingredientes del jarabe de canela y añade esta mezcla con una cuchara a la mezcla del pastel.
5. Tapa la olla lenta y cocina por 3 horas a temperatura baja, o hasta que un palillo de

dientes salga limpio cuando lo insertas al centro del pastel.

6. Deja reposar el pastel por 10 minutos para que se asiente antes de ponerlo de manera invertida en un plato. Déjalo a un lado para que se enfríe. Ya que esté frío, unta el glaseado de queso crema encima.

Panqués de Salvado

Para 6 porciones
Ingredientes:
- 3/4 taza de salvado de almendra
- 1/2 taza de leche de almendras sin endulzar
- 1/6 taza de mantequilla
- 1 huevo pequeño
- 1/4 taza de endulzante granular
- 1/4 cucharadita de extracto puro de vainilla
- 1/2 cup harina escaldada de almendras
- 1/2 cucharadita de bicarbonato de sodio
- 1/2 cucharadita de polvo para hornear
- ¼ cucharadita de sal de mar sea
- Opcional: 1/2 cucharadita de canela

Instrucciones:
1. Engrasa o cubre tazas de té con capacillos de papel.
2. En un tazón, combina el salvado de avena y la leche de avena.
3. En un tazón aparte, bate el aceite, el

huevo, el endulzante, y la vainilla hasta que queden bien mezclados. Añade el salvado de almendras y la mezcla de leche.

4. En otro recipiente, cierne la harina de avena junto con el polvo para hornear, el bicarbonato de sodio, sal y canela. Gradualmente revuelve esto con la mezcla de salvado hasta que quede bien combinado.

5. Divide la masa entre las tazas de té engrasadas. Coloca las tazas de té que ya fueron rellenadas en una olla lenta grande y vierte el agua en la olla lenta (ten cuidado de verter el agua en las tazas) hasta que quede llena hasta dos tercios del nivel de las tazas.

6. Cubre y cocina por dos horas en temperatura baja. Inserta un palillo de dientes ene le centro de un panqué, y si sale limpio, entonces están listos. De lo contrario, cocínalos otra vez entre 1 a 2 horas en temperatura baja.

7. Una vez que estén completamente horneados, sácalos de la olla lenta y déjalos enfriar por 10 minutos. Sírvelos con jarabe de maple o miel al gusto.

Capítulo 2: Aperitivos.

Champiñones Italianos

Para 10 porciones
Ingredientes:
- 10 champiñones grandes
- 1/2 cucharada sopera de mantequilla o aceite de coco
- 1/8 taza de cebolla en cuadritos
- 1 diente de ajo en cuadritos
- 1/4 lb de salchicha molida
- 1/2 cucharadita de sal de mar
- 1/4 cucharadita de pimienta negra molida
- 1/8 taza de queso parmesano rallado
- 1 taza de salsa marinara

Instrucciones:
1. Lava los champiñones, luego corta los tallos. Aparta las partes superiores de los champiñones encima de una toalla de papel para que se sequen. Pica los tallos.
2. Coloca una sartén en fuego medio y añade el aceite. Saltea la cebolla, el ajo, y los tallos picados de los champiñones por 2 minutos o hasta que la cebolla quede

suave. Añade la salchicha y sazona con sal y pimienta. Cocina hasta que queden dorados.

3. Coloca la mezcla de la salchicha en un recipiente para mezclar y añade el queso parmesano. Mezcla bien. Usa una cuchara para añadir la mezcla de la salchicha a los 10 champiñones.

4. Vierte la marinara en la olla lenta y coloca los champiñones sobre la salsa. Tapa la olla y cocina por 2 horas en temperatura alta.

Almendras con Ajo y Pimienta

Para 12 porciones

Ingredientes:

- 3 tazas de almendras enteras sin escaldar
- 2 cucharadas soperas de mantequilla derretida o margarina
- 1 1/2 dientes de ajo picados
- 1 1/2 cucharadita de pimienta molida gruesa

Instrucciones:

1. Coloca la olla lenta en temperatura alta y calienta por 15 minutos, después añade las almendras. Añade la mantequilla derretida o la margarina encima y esparce para cubrir. Añade el ajo y la pimienta y revuelve para mezclar los sabores.
2. Cubre y cocina por 2 horas en temperatura baja. Revuelve cada 30 minutos para distribuir los sabores. Incrementa el calor a temperatura alta y cocina sin tapar por 30 minutos más, revolviendo cada 15 minutos.
3. Disminuye la temperatura a baja, después sácalas de la olla lenta y apártalos

para que se enfríen antes de servir.

Caviar de Berenjena

Para 12 porciones
Ingredientes:
- 2 berenjenas grandes
- 1taza de jitomate en trozos finos
- 1/2 taza de cebolla en trozos finos
- 1/2 taza de yogur bajo en grasa
- 6 dientes de ajo picado
- 4 cucharada sopera de aceite de oliva
- 1 cucharadita de hojas secas de orégano
- 4 cucharadas soperas de jugo de limón
- Sal
- Pimienta

Instrucciones:

1. Perfora la berenjena por todas partes con un tenedor y colócala en la olla lenta. Tapa la olla y déjala cocer entre 5 a 6 horas en temperatura baja, o hasta que quede suave. Apártala y déjala enfriar a temperatura ambiente.

2. Corta la berenjena a la mitad y con una cuchara saca la pulpa. Muele la pulpa y combínala con el jitomate en trozos,

cebolla, yogur, ajo, aceite de oliva y hojas de orégano. Mezcla bien.

3. Sazona con sal, pimienta y jugo de limón. Sirve con pan pita o rebanadas de pan lavash.

Alitas de Pollo Búfalo con Salsa de Queso Azul

Para 4 porciones

Ingredientes:

- 2 cucharadas soperas de margarina o mantequilla
- 2 cucharadas soperas de salsa picante
- 1/2 cucharada sopera de vinagre blanco destilado
- 1 1/2 lb alitas de pollo a la mitad con las puntas de las alas cortadas
- Sal
- Pimienta

Salsa de Queso Azul:

- 1/3 taza de mayonesa baja en grasa o aderezo para ensalada
- 1 1/2 cucharadas soperas de queso azul desmoronado
- 3/4 cucharadas soperas de vinagre de vino tinto
- 1/2 cucharaditas de semillas de apio
- 1/4 cucharadita de sal
- 1/16 cucharadita de pimienta cayena

- 1/16 cucharadita de pimienta negra

Instrucciones:

1. En una olla lenta, mezcla la margarina o la mantequilla junto con el vinagre, y la salsa picante. Ajusta la temperatura a alta y deja cocer por 15 minutos o hasta que la margarina o mantequilla se haya derretido.

2. Sazona las alitas de pollo con sal y pimienta. Asa cada lado por 5 minutos a una distancia de 6 pulgadas de la fuente de calor. Añade las alitas a la olla lenta y espárcelas para cubrirlas con la mezcla. Tapa la olla y déjalas cocer por otras 3 horas en temperatura alta.

3. Por mientras, combina todos los ingredientes de la salsa de queso azul en un tazón. Una vez que las alitas de pollo búfalo estén cocidas, sirve junto con la salsa.

Frijoles Negros y Chili Verde con Queso

Para 8 porciones
Ingredientes:

- 4 oz queso Jack reducido en grasa con pimiento en cubos
- 4 oz queso crema a temperatura ambiente
- 1/2 taza de mayonesa baja en grasa
- 1/4 taza de queso parmesano rallado
- 1/3 taza de frijoles negros enlatados, drenados
- 2 oz chiles verdes enlatados, picados y sin drenar
- 1 diente de ajo picado
- 1 cucharadita de pimiento rojo molido
- 1/2 cucharadita de salsa de pimienta roja

Instrucciones:

1. Combina los quesos en una olla lento de 1 ½ cuartos. Tapa la olla y déjala cocer por 20 minutos o hasta que el queso se haya derretido.
2. Añade los otros ingredientes. Tapa y déjalo cocer por 1 hora o hasta quedar

caliente. Sirve con totopos y una mezcla de vegetales.

Fondue de Queso

Para 6 porciones
Ingredientes:
- 1 taza de queso suizo rallado bajo en grasa
- 1/2 cucharada sopera de harina
- 4 oz de queso crema bajo en grasa a temperatura ambiente.
- 1/3 taza de jugo de manzana o vino blanco seco
- 1 diente de ajo picado
- Pimienta cayena

Instrucciones:
1. En una olla lenta de 3 cuartos, coloca el queso suizo y la harina. Añade el queso crema y mezcla bien. Añade el vino o el jugo de manzana junto con el ajo. Tapa la olla y déjala cocer por 1 hora o hasta que el queso se derrita y se convierta en una fondue caliente.
2. Sazona con pimienta cayena antes de servir. Sirve con una mezcla de vegetales y crutones. Cuando la fondue comience a espesarse, simplemente añade más vino o un poco de leche y luego revuelve.

Salsa Reuben

Para 12 porciones
Ingredientes:

- 6 oz de queso crema bajo en grasa a temperatura ambiente
- 1/2 taza de queso suizo rallado bajo en grasa
- 3/4 taza de chucrut fresco, lavado y drenado
- 1/2 taza de carne de res magra en conserva
- 1/8 taza de aderezo mil islas reducido en grasa
- 1 cucharada sopera de cebollino recién cortado fresco o seco
- 1 cucharadita de semillas de alcaravea ligeramente molidas

Instrucciones:

1. En una olla lenta de 1 ½ cuartos, combina los quesos. Tapa la olla lenta y déjalos cocer por 20 minutos o hasta que los quesos se derritan.
2. Añade el resto de los ingredientes. Tapa la olla y déjala cocer por 1 hora o hasta que esté caliente. Sirve acompañado de

pan de centeno coctelero a la mitad y con una mezcla de vegetales.

Botana para Fiestas

Para 8 porciones
Ingredientes:
- 2 1/2 tazas de mezcla de cereal (avena, trigo y arroz)
- 3/4 taza de pretzeles pequeños
- 3/4 taza de palitos de ajonjolí
- 3/4 taza de nueces variadas
- 1/8 taza de mantequilla o margarina derretida
- 1 1/2 cucharada sopera de salsa Worcestershire (salsa inglesa)
- 1/2 cucharadita de salsa picante
- 1/2 cucharadita de cebolla seca picada
- 1/4 cucharadita de ajo en polvo
- Sal

Instrucciones:
1. En un tazón, combina la mantequilla derretida o la margarina, la salsa Worcestershire, la salsa picante y la cebolla seca picada.
2. Ajusta la temperatura de la olla lenta a alta y calienta por 15 minutos. Después, añade los cereales, los palillos de ajonjolí,

y las nueces variadas. Añade gentilmente la salsa mezclada encima y esparce para cubrir. Calienta sin tapar por 1 hora a temperatura alta. Revuelve cada 30 minutos.

3. Sazona con sal y usa la temperatura baja de la olla para mantenerlo caliente antes de servir.

Capítulo 3: Sopas y Estofados

Estofado de Res estilo Chuckwagon

Para 3 porciones
Ingredientes:
- 1/2 lb carne magra de res corte redondo, cortado en cubos de ¾ pulgada
- 1/3 taza de caldo de res reducido en sodio sin grasa
- 7 oz de jitomates enlatados en trozos, sin drenar
- 7.5 oz de frijoles rojos, lavados y drenados
- 1/4 taza de cebolla en trozos
- 1 1/2 papas rojas pequeñas sin pelar en cubitos
- 1 1/2 zanahorias rebanadas
- 1/2 cucharada sopera de maicena
- 1 cucharada sopera de agua fría
- 1 1/2 cucharaditas de salsa Worcestershire
- Sal
- Pimienta

Instrucciones:
1. Mezcla todos los ingredientes a

excepción de la maicena, la salsa Worcestershire, sal, pimienta y agua, en la olla lenta.

2. Tapa y cocina por 6 horas a temperatura baja. Luego, incrementa la temperatura a alta y cocina por 10 minutos más.

3. En un recipiente, mezcla el agua y la maicena, después añade esta mezcla al estofado mientras lo revuelves por 2 minutos. Sazona con sal, pimienta, y salsa Worcestershire.

Sopa de Cebolla Francesa

Para 6 porciones

Ingredientes:

- 3 cucharadas soperas de mantequilla
- 2 cebollas amarillas grandes, rebanadas y separadas en aros.
- 1/2 cucharadas soperas de azúcar moreno o endulzante sin calorías.
- 1 diente de ajo picado
- 1/4 taza de jerez
- 3 1/2 tazas de caldo de res
- 1/2 cucharaditas de sal de mar
- 1/8 cucharadita de tomillo seco
- 1/2 hoja de laurel
- 6 rebanadas de pan de proteína
- 1/4 taza de queso gruyer rallado
- 1/8 taza de queso parmesano recién rallado
- 1 cucharada sopera de queso mozzarella rallado

Instrucciones:

1. Coloca una olla grande y pesada en fuego medio-alto y derrite la mantequilla. Saltea las cebollas por 10 minutos o hasta

quedar traslucidos. Añade el endulzante o azúcar, después disminuye la temperatura a medio. Revuelve constantemente por al menos 25 minutos o hasta que las cebollas queden suaves y doradas.

2. Añade el ajo y cocina por 1 minuto. Añade el jerez y revuelve. Asegúrate de raspar el fondo de la olla para prevenir que los sólidos se peguen.

3. Vierte la mezcla de la cebolla en la olla lenta. Añade el caldo de res y sazona con sal. Añade el tomillo y la hoja de laurel. Tapa la olla y calienta por 8 horas a temperatura baja.

4. Casi 10 minutos antes de servir, coloca una rejilla del horno a una distancia aproximada de 8 pulgadas de la fuente de calor y precalienta la parrilla. En una bandeja para hornear coloca las rebanadas de pan y dóralas por 1 minuto cada lado o hasta que queden tostadas.

5. Mientras tanto, mezcla los quesos mozzarella, parmesano y gruyer en un recipiente.

6. Vierte la sopa de cebolla con un cucharón en una vasija de barro que

pueda introducirse al horno de manera segura, llenando solamente hasta 3/4. Añade la rebanada de pan tostado encima y añade 2 cucharadas soperas de la mezcla de queso encima. Transfiere las vasijas de barro llenas de sopa a una bandeja para hornear y déjalas asar por 2 minutos o hasta que el queso comience a burbujear y dorarse. Sirve.

Sopa Pho

Para 6 porciones:

Ingredientes:

- 3 tazas de caldo de res
- 1/2 lb de top-sirloin orgánico (sirloin, arrachera, o redondo)
- 1 cebolleta en rebanadas
- 1 cucharada sopera de jengibre, pelado y finamente rallado
- 1/2 cucharadita de anís
- 1/2 varita de canela
- 1/2 cucharadita de salsa de pescado
- 1/4 cucharadita de sal de mar
- 1/4 cucharadita de pimienta negra
- 2 tazas de fideos de quelpo
- 6 huevos escalfados (pochados)

Instrucciones:

1. En una olla lenta de 3 cuartos, vierte el caldo y después añade la carne de res, la cebolleta, el jengibre, las especias y la salsa de pescado. Tapa la olla y calienta por 4 horas a temperatura alta o por 5 a temperatura baja.

2. 15 minutos antes de servir, pon los fideos de quelpo en la olla lenta,

asegurándote de que están completamente sumergidos empujándolos al fondo con una cuchara de madera. Tapa la olla y déjalos cocer.

3. Revisa si la carne ha quedado completamente cocida antes de servir. Después, sirve en tazones individuales y añade el huevo escalfado encima.

Bisque de Gorgonzola

Para 2 porciones
Ingredientes:

- 1/8 de cebolla morada (roja) grande picada
- 1/4 taza de pimiento rojo picado
- 1 diente de ajo, picado
- 1/2 taza de caldo de vegetales o de pollo
- 7 oz jitomates enlatados picados
- 3/4 taza de salsa de jitomate
- 1 cucharadita de albahaca seca
- 1/8 taza de queso gorgonzola desmoronado
- 2 oz queso crema, suavizado
- 1/8 taza de endulzante sin calorías o azúcar moreno
- 1/8 cucharadita de pimienta

Instrucciones:

1. Combina la cebolla, pimienta, ajo, jitomates, salsa de jitomate, albahaca y el caldo en una olla lenta. Tapa la olla y calienta por 8 horas a temperatura media o hasta que los vegetales hayan quedado suaves y los sabores estén totalmente

combinados.

2. Añade el queso crema y bate para combinar completamente. Añade el endulzante o el azúcar y el queso gorgonzola. Sazona con sal y pimienta.

3. Calienta por 30 minutos más para que el queso crema pueda unirse con la sopa. Sirve caliente.

Estofado de Pollo, Pasta y Vegetales

Para 2 porciones grandes
Ingredientes:

- 1/2 lb pechuga de pollo sin piel ni hueso, cortada en cubitos de 1 pulgada
- 7 oz jitomates enlatados picados condimentado a la italiana, sin drenar
- 1/3 taza de caldo de pollo sin grasa, reducido en sodio
- 1/2 taza de zanahorias en rebanadas
- 1/4 taza de cebolla en trozos
- 1/4 taza de pimiento verde en trozos
- 1 cucharadita de ajo picado
- 1 hoja de laurel
- 1/2 cucharadita de hojas secas de mejorana
- 1 1/2 cucharada sopera de jitomates en trozos secados al sol, sin aceite.
- 1/8 taza de aceitunas griegas a la mitad, sin hueso
- 1 calabaza veraniega amarilla de tamaño mediano en cubitos
- 1/2 taza de pequeños floretes de brócoli
- 2 oz pasta rigatoni, cocida y caliente

- Sal
- Pimienta

Instrucciones:

1. En una olla lenta, mezcla la pechuga de pollo, jitomates, caldo de pollo, zanahorias, cebolla, pimiento morrón verde, ajo, hoja de laurel y las hojas de mejorana. Tapa la olla y calienta a temperatura alta por 4 horas.

2. En los últimos 20 minutos, añade las aceitunas, la calabaza, el brócoli, y la pasta rigatoni. Quita la hoja de laurel y sazona con sal y pimienta. Sírvelo tibio.

Sopa de Calabaza y Bellota

Para 3 porciones.

Ingredientes:

- 1 taza de caldo de pollo bajo en grasa
- 1 calabaza bellota mediana, pelada y en cubos
- 1/4 taza de cebolla en trozos
- 1/4 cucharadita de canela molida
- 1/8 cucharadita de cilantro molido
- 1/8 cucharadita de comino
- 1/4 taza de leche descremada al 2% baja en grasa cup
- 1/2 cucharada sopera de vinagre de manzana
- Sal
- Pimienta.

Instrucciones:

1. En una olla lenta de 3 cuartos, mezcla todos los ingredientes a excepción de la leche, le vinagre, la sal y la pimienta. Tapa la olla y calienta por 3 horas a temperatura alta.

2. Vierte la sopa en una licuadora o procesador de alimentos, después añade la leche y el vinagre. Licua hasta que

quede sin grumos. Sazona con sal y pimienta. Sirve inmediatamente.

Sabroso Estofado de Pescado

Para 4 porciones
Ingredientes:
- 14 oz jitomates guisados
- 1/2 taza de jugo de almeja o agua
- 1/4 taza de vino blanco o agua
- 1/2 taza de cebolla en trozos finos
- 2 dientes de ajo, picados
- 1/2 cucharadita de albahaca seca
- 1/2 cucharadita de hojas de orégano secas
- 1/4 cucharadita de cúrcuma molida
- 1 hoja de laurel
- 1/2 lb bacalao o cualquier otro filete de pescado blanco, rebanados en cortes de una pulgada.
- 4 oz camarones desvenados y pelados
- 4 oz conchas de abanico /veneras
- Sal
- Pimienta

Instrucciones:
1. En la olla lenta, mezcla todos los

ingredientes a excepción del pescado, los mariscos, las conchas, la sal y pimienta. Tapa la olla y calienta por 4 horas a temperatura alta.

2. Añade los mariscos dentro de los últimos 10 minutos. Quita la hoja de laurel y sazona con sal y pimienta. Sirve inmediatamente.

Sopa Thai

Para 6 porciones
Ingredientes:

- 2 tazas de caldo de vegetales o de pollo
- 1 taza de leche de coco
- 1/2 pimiento rojo rebanado en tiras
- 2 oz champiñones en rebanadas
- 1 jitomate en trozos finos
- 1 diente de ajo picado
- 1/2 pulgada de jengibre fresco rallado
- 1 1/2 cucharada sopera de salsa de pescado
- 1/2 cucharadita de pasta de chile rojo
- 1/2 cucharadita de endulzante sin calorías o azúcar moreno
- 2 limas a la mitad
- 1/4 cucharadita de cáscara rallada de lima
- 1/4 lb camarones orgánicos precocidos o tofu extra firme en cubitos

Instrucciones:

1. En una olla lenta de 3 cuartos, combina el caldo, la leche de coco, el pimiento, los champiñones, el jitomate, el ajo, salsa de pescado, endulzante o azúcar, y la pasta de chile. Añade el jugo de 1 1/2 limas y la cáscara rallada de media lima. Añade los camarones o el tofu y revuelve para distribuir los ingredientes.

2. Tapa la olla y calienta por 4 horas a temperatura baja. Antes de servir, añade un gajo de lima fresca.

Estofado de Cerdo con Pimientos y Calabacín

Para: 2 porciones

Ingredientes:

- 1/2 lb solomillo de cerdo o lomo de cerdo sin hueso, cortado en cubos de una pulgada
- 4 oz salsa de jitomate
- 1/4 taza de caldo de pollo sin grasa, reducido en sodio
- 1 1/2 cucharada sopera de jerez seco (Opcional)
- 1/2 taza de pimientos rojos en rebanadas
- 1/2 taza de pimientos verdes en rebanadas
- 1 cebolla mediana en trozos
- 1 diente de ajo picado
- 1/3 cucharadita de albahaca seca
- 1/3 cucharadita de hojas de tomillo seco
- 1/2 hoja de laurel
- 3/4 taza de calabacín finamente rebanado
- 1/2 cucharada sopera de maicena

- 1 cucharada sopera de agua fría
- Sal
- Pimienta
- 4 oz pasta tipo fusilli, cocida y caliente

Instrucciones:
1. Mezcla todos los ingredientes, a excepción de la maicena, el agua, el calabacín, la pasta fusilli, la sal y pimienta, en la olla lenta.
2. Tapa la olla y caliente por 3 horas a temperatura alta. Añade el calabacín en los últimos 3 minutos.
3. En un tazón, combina el agua y la maicena, y luego añádelo al estofado mientras lo revuelves por 2 minutos. Quita la hoja de laurel y sazona con sal y pimienta. Sirve encima de la pasta fusilli.

Estofado de Nueces Africanas

Para 6 porciones
Ingredientes:
- 1/8 taza de cebolla amarilla en cubitos
- 1 cebolleta en trozos
- 1 pimiento rojo en trozos
- 2 dientes de ajo picados
- 14 oz de jitomates triturados en lata, sin escurrir
- 4 tazas de caldo de vegetales
- 1/8 cucharadita de pimienta negra
- 1/8 cucharadita de chile en polvo
- 2 tazas de arroz de coliflor
- 1/2 taza de crema de cacahuate, o crema de semillas de girasol
- : 1/2 cucharada sopera de crema agria o salsa Tabasco (Opcional)

Instrucciones:
1. Lava y corta los vegetales, después colócalos en la olla lenta. Vierte los jitomates enlatados, seguidos de las especias encima. Añade el caldo de vegetales. Tapa la olla y calienta por 6

horas a temperatura baja.

2. Pon el arroz de coliflor en la olla lenta con el estofado y añade la crema de cacahuate o de semillas de girasol. Revuelve para que quede combinado, y después calienta por 20 minutos a temperatura alta.

3. Antes de servir, añade una cucharada de crema agria y una pizca de salsa Tabasco, si así lo prefieres.

Capítulo 4: Chili y Cremas

Chili con Calabaza

Para 3 porciones
Ingredientes:
- 1/2 lb carne molida de res
- 1/2 cebolla amarilla en cubitos
- 1/2 pimiento verde o rojo, en cubitos
- 1 diente de ajo picado
- 7 oz jitomates en trozos, enlatados
- 4 oz chiles verdes en cubitos, enlatados
- 8 oz calabaza enlatada
- 1/2 taza de caldo de res
- 1/2 cucharada sopera de canela
- 1/2 cucharadita de chile en polvo
- Sal de mar
- Pimienta

Instrucciones:
1. Combina todos los ingredientes en la olla lenta. Revuelve y ajusta la temperatura a baja. Tapa la olla y calienta por 7 horas o hasta que la carne esté totalmente cocida.
2. Si lo deseas, puedes servirlo con

galletas saladas.

Crema de Pescado

Para 4 porciones
Ingredientes
- 1/2 ramo de coliflor en trozos
- 1/4 taza de cebolla blanca
- 1 taza de apio orgánico en trozos
- 1/2 lb pescado blanco
- 1 1/2 taza de caldo de pollo
- 2 dientes de ajo picados
- 1/4 cucharadita de pimienta negra recién molida
- 1/4 cucharadita de sal de mar
- 1 taza de camarones congelados
- 2 oz queso crema, ablandado
- Queso parmesano, para decorar

Instrucciones:

1. Lava y corta los vegetales en pequeños cubitos. Corta el pescado en cubitos. Combina todos los ingredientes a excepción de los camarones, el queso crema y el queso parmesano en una olla lenta de 3 cuartos.

2. Tapa la olla y calienta de 7 a 8 horas a temperatura baja, o hasta que los vegetales hayan quedado suaves.

3. Casi 30 minutos antes de que termine el tiempo de cocción, añade los camarones y bate el queso crema adentro. Ajusta la olla a una temperatura alta por los últimos 30 minutos.

4. Con un cucharón sirve la crema en tazones y esparce el queso parmesano recién rallado encima antes de servir.

Chili de Pollo con Arroz de Naranja y Cilantro

Para 3 porciones
Ingredientes:

- 1/2 lb pechuga de pollo (deshuesada, sin piel, en cubitos)
- 14 oz jitomates enlatados en cubitos, sin drenar
- 8 oz frijoles blancos, lavados y drenados
- 1/4 taza de cebolla en trozos
- 1 diente de ajo picado
- 1 cucharadita de chile en polvo
- 1/4 cucharadita de comino molido
- 1/8 cucharadita de pimienta dulce molida
- 1 1x1/4 cáscara de naranja rallada en tiras
- Sal
- Pimiento

Arroz de Naranja y Cilantro:

- 1/4 taza de cebolla verde en rebanadas
- 1/2 taza de arroz de grano largo

- Cáscara rallada de media naranja pequeña
- 1 1/8 tazas de agua
- 1 cucharadas soperas de cilantro finamente picado
- Sal
- Pimienta.

Instrucciones:

1. En una olla lenta, mezcla todos los ingredientes a excepción de la sal y la pimienta. Tapa la olla y calienta por 6 horas a temperatura baja. Sazona con sal y pimienta al gusto.
2. Para cocinar el arroz de naranja y cilantro, engrasa una cacerola y colócala en fuego medio. Saltea las cebollas por 3 minutos o hasta que queden suaves. Añade el arroz y la ralladura de naranja, luego revuelve por 3 minutos o hasta que el arroz quede ligeramente dorado. Añade agua y hierve, luego disminuye la temperatura. Tapa la olla y deja que hierva a fuego lento de 20 a 25 minutos o hasta que el arroz haya quedado suave. Añade el cilantro y sazona con sal y pimienta al

gusto.

3. Sirve el chili de pollo encima del arroz de naranja y cilantro.

Crema de Pescado Escandinavo

Para 4 porciones
Ingredientes:
- 1 taza de agua
- 1 taza de papas (peladas y en cuadritos)
- 1/2 taza de apio en trozos
- 1/4 taza de cebolla en trozos
- 1/2 cucharadita de eneldo seco
- 1/4 cucharadita de pimentón (paprika)
- 1/8 cucharadita de pimienta dulce molida
- 1 taza de leche descremada al 2% reducida en grasa, repartida
- 1/2 lb filetes de bacalao sin piel, rebanados
- 1/2 taza de pepino con semillas y en trozos
- 1 cucharada sopera de maicena
- 1 cucharada sopera de jugo de limón
- Sal
- Pimienta
- Rebanadas de huevo cocido (huevo duro), para acompañar.

Instrucciones:

1. En una olla lenta de 3 cuartos, mezcla el agua, la pimienta dulce, las papas, el apio, la cebolla, la paprika y el eneldo. Tapa la olla y calienta por 6 horas a temperatura alta.

2. En los últimos 30 minutos, vierte ¾ de taza de leche y revuelve. Añade el bacalao y el pepino y revuelve. Tapa la olla y calienta por 8 minutos a temperatura alta.

3. Por mientras, combina el resto del ¼ de taza de leche y la maicena. Añade esto a la sopa y revuelve por 2 minutos. Añade el jugo de limón y sazona con sal y pimienta. Con un cucharón sirve la crema en los tazones y añade las rebanadas de huevo encima como acompañamiento.

Chili California

Para 3 porciones
Ingredientes:

- 1/2 lb pechuga de pollo (deshuesada, sin piel, en cubitos)
- 2 tazas de jitomates en pera rebanadas
- 1/2 taza de jitomates secos, no en aceite (ablandados, en cubitos)
- 1/2 taza de vino tinto seco o caldo de pollo
- 1 cucharada sopera de chile en polvo
- 1/2 cucharadita de granos de pimienta molidos mixtos
- 1/4 cucharadita de chile rojo triturado
- 1/2 aguacate en trozos
- 1 cucharada sopera de semillas de girasol tostadas
- Sal
- 3 cucharadas soperas de albahaca en trozos como acompañamiento

Instrucciones:
1. Mezcla todos los ingredientes a

excepción del aguacate, las semillas, la albahaca y la sal en la olla lenta. Tapa la olla y calienta por 6 horas a temperatura baja.

2. Añade las semillas de girasol y el aguacate, luego sazona con sal. Revuelve para combinar, y luego sirve el chili en tazones con un cucharón. Agrega la albahaca a cada tazón de chili.

Crema de Tres Quesos y Papas

Para cuatro porciones
Ingredientes:
- 1/2 cuarto de caldo de pollo
- 3 papas Idaho grandes, peladas y en cubitos de ½ pulgada.
- 2 tazas de cebollas (en trozos)
- 1/2 taza de apio (en trozos)
- 1 cucharada sopera de ajo picado
- 1/4 cucharadita de hojas de romero secas
- 1 taza de leche entera, repartida
- 1 cucharada sopera de maicena
- 1 cucharadita de salsa Worcestershire
- 1/16 cucharadita de nuez moscada molida
- 1/4 taza de queso mozzarella reducido en grasa, rallado
- 1/4 taza de queso cheddar
- 2 cucharada sopera de queso azul en moronas
- Sal
- Pimienta blanca
- Cebollines en trozos como

acompañamiento

Instrucciones:

1. En una olla lenta de 3 cuartos, mezcla el caldo, las cebollas, el apio, el romero y el ajo. Tapa la olla y calienta por 4 horas a temperatura alta. Dentro de los últimos 30 minutos, añade media taza de leche y revuelve.

2. En un recipiente, combina el resto de la leche con la maicena, la nuez moscada y la salsa Worcestershire. Añade esto a la crema y revuelve por 2 minutos. Añade el queso y revuelve hasta que quede derretido. Sazona con sal y pimienta blanca antes de servir.

Chili de Lomo

Para 2 porciones
Ingredientes:

- 1/2 lb de lomo de cerdo, cortado en cubitos de media pulgada
- 7 a 8 oz de caldo de res sin grasa, bajo en sodio
- 7 oz alubias pinto, lavadas y drenadas
- 1/2 lb jitomates pera en rebanadas
- 1 chile jalapeño picado
- 1/2 cucharada sopera de chile en polvo
- 1/2 cucharadita de semillas de comino tostadas
- 1/2 cucharadita de salsa Worcestershire
- Sal
- Pimienta

Instrucciones:

1. Mezcla todos los ingredientes, a excepción de la sal y pimienta, en una olla lenta. Tapa la olla y calienta de entre 4 a 5 horas a temperatura alta.
2. Sazona con sal y pimienta antes de servir.

Crema de Camarones y Vegetales

Para 3 porciones:

Ingredientes:

- 1 1/2 tazas de caldo de pollo sin grasa, reducido en sodio
- 1 1/2 tazas de granos enteros de maíz
- 4 oz de salsa de tomate
- 1 taza de papas rojas peladas y en cubitos
- 1/2 taza de cebolla en trozos
- 1/2 taza de pimiento verde o rojo en trozos
- 1 diente de ajo picado
- 1/8 taza de jerez seco (opcional)
- 1 cucharadita de condimento italiano seco
- 1/8 cucharadita de chile en polvo
- 1/8 cucharadita de mostaza seca
- 2 a 3 gotas de salsa picante
- 3/4 taza de camarones cocidos (pelados, desvenados y a la mitad)
- 1/4 de taza de leche entera
- Sal
- Pimienta

Instrucciones:

1. En una olla lenta de 3 cuartos, mezcla todos los ingredientes, a excepción del camarón, la leche, sal y pimienta. Tapa la olla y calienta por 4 horas a temperatura alta.

2. Dentro de los últimos 10 minutos, añade la leche y los camarones. Sazona con sal y pimienta antes de servir.

Capítulo 5: Mariscos

Sopa de Salmón y Arroz Salvaje

Para 3 porciones
Ingredientes:
- 1 1/2 tazas de caldo de pollo
- 3/4 taza de champiñones en rebanadas
- 1/3 taza de cebolla en trozos
- 1/4 taza de apio en rebanadas
- 1/2 cucharadita de diente de ajo picado
- 1/4 cucharadita de mostaza seca
- 1/4 cucharadita de hojas secas de romero
- 1/2 taza de arroz salvaje cocido
- 1/2 taza de leche descremada al 2% reducida en grasa, repartida
- 1/2 lb filetes de salmón sin piel, en cubos
- 1/2 cucharada sopera de maicena
- Sal
- Pimienta cayena
- 1 rebanada de tocino frito, crujiente y en moronas

Instrucciones:

1. En una olla lenta, añade el caldo de pollo, los vegetales, el ajo, la mostaza seca, y las hojas de romero. Tapa la olla y calienta por 6 horas a temperatura alta. Añade el arroz salvaje y ¼ de taza de leche en los últimos 20 minutos.

2. Añade el salmón, luego tapa la olla y calienta por 10 minutos a temperatura alta.

3. En un tazón, combina ¼ de taza de leche y maicena, después añade la mezcla a la sopa mientras la revuelves por 2 minutos. Sazona con sal y pimienta cayena. Sirve en tazones y añade las moronas de tocino encima.

Sopa de Cangrejo de Maryland

Para 3 porciones
Ingredientes:
- 3/4 cuartos de caldo de res sin grasa
- 1 1/4 taza de jugo de almeja
- 1 1/4 taza de jitomates pera enlatados sin drenar (en trozos gruesos)
- 1 1/2 taza de papas rojas peladas y en cubitos
- 1/2 taza de granos enteros de maíz
- 1 cebolla grande en trozos finos
- 1 zanahoria en trozos finos
- 1 tallo de apio finamente picada
- 1 hoja de laurel
- 1/4 cucharadita de mostaza seca
- 1 cucharadita sopera de condimento Old Bay
- 6 oz carne fresca de cangrejo, sin cartílago ni caparazón, en piezas de media pulgada
- 1 rebanada de tocino frito, crujiente y en moronas
- 1/4 taza de perejil picado finamente
- Sal
- Pimienta

Instrucciones:

1. En una olla lenta de 3 cuartos, añade el caldo de pollo, jugo de almeja, tomates pera, papas rojas, maíz, cebolla, zanahorias, apio, hoja de laurel, mostaza seca, y condimento Old Bay. Tapa la olla y calienta de 6 a 7 horas a temperatura baja.

2. En los últimos 20 minutos, añade el cangrejo, tocino y perejil. Quita la hoja de laurel y sazona con sal y pimienta antes de servir

Estofado de Camarón y Ocra

Para 2 porciones
Ingredientes:

- 7 oz salsa de tomate con trozos reducida en sodio
- 1 taza de ocra fresca o descongelada, picada
- 1/3 taza de caldo de pollo o vegetales
- 1/3 taza de cebolla en rebanadas finas
- 1/2 cucharadita de ajo picado
- 6 oz camarón mediano, pelado y desvenado
- Sal
- Pimienta

Instrucciones:

1. En una olla lenta, añade todos los ingredientes, a excepción del camarón, sal y pimienta. Tapa la olla y calienta por 5 horas a temperatura baja. Añade el camarón en los últimos 10 minutos.
2. Antes de servir, sazona con sal y pimienta. Sirve en polenta o arroz si así lo

deseas.

Sopa Toscana de Pescado

Para 3 porciones

Ingredientes:

- 1/2 cuarto de caldo de pollo
- 1/4 taza de caldo de pollo o vino tinto seco
- 1 1/2 lb tomates pelados, con semilla y en trozos.
- 1 cebolla mediana en trozos
- 1 1/2 dientes de ajo picados
- 1/2 cucharadita de orégano seco
- 1/2 cucharadita de salvia seca
- 1/2 cucharadita de hojas de romero secas
- 1/8 cucharadita de chile rojo triturado
- 3/4 lb variedad de filetes de pescado, en cubos (lenguado, pargo colorado, atún, halibut o salmón)
- 3 oz camarón pelado y desvenado
- Sal
- Pimienta
- 3 rebanadas de pan italiano, tostado
- 1 diente de ajo a la mitad

Instrucciones:

1. En una olla lente, mezcla todos los ingredientes, a excepción de los mariscos, sal, pimienta, pan y las mitades de dientes de ajo. Tapa la olla y calienta por 4 horas a temperatura alta.

2. En los últimos 15 minutos, añade los mariscos. Sazona con sal y pimienta.

3. Mientras tanto, frota los dientes de ajo en el pan. Coloca el pan en tazones para sopa y usa un cucharón para verter la sopa encima. Sirve muy caliente.

Estofado de Pescado Aromatizado con Hinojo

Para 4 porciones:

Ingredientes:

- 1/2 cuarto de jugo de almeja
- 1/4 taza de vino blanco seco (opcional)
- 2 1/2 tomates medianos, pelados y en trozos
- 1/2 tazas de zanahorias en trozos
- 1/2 tazas de cebolla en trozos
- 1 1/2 dientes de ajo picados
- 1/2 cucharada sopera de ralladura de naranja picada
- 1/2 cucharadita de semillas de hinojo, ligeramente triturado
- 1 lb filetes firmes de pescado, cortados en pedazos de 1 ½ pulgadas (bacalao, salmón, reloj anaranjado, pargo colorado)
- 1/8 taza de perejil en trozos
- Sal
- Pimienta

Instrucciones:

1. En una olla lenta, añade los ingredientes a excepción de los filetes de pescado, perejil, sal y pimienta. Tapa la olla y calienta por 6 horas a temperatura baja.

2. Añade el pescado en los últimos 15 minutos. Añade el perejil y revuelve hasta distribuir los ingredientes. Sazona con sal y pimienta antes de servir.

Sopa China de Ostra

Para 2 porciones
Ingredientes:
- 1 ¼ tazas de caldo de pollo
- 1 cucharadas soperas de salsa de soya
- 1 taza de col china en rebanadas
- 4 oz champiñones en rebanadas
- 1/2 cucharada sopera de raíz de jengibre picada
- 1/2 pinta de ostras frescas o enlatadas, desbulladas y sin drenar
- Sal
- Pimienta

Instrucciones:
1. En una olla lenta, mezcla el caldo, salsa de soya, col, champiñones, germinado de soya, cebollines, y raíz de jengibre. Calienta por 6 horas a temperatura lenta.
2. Dentro de los últimos 15 minutos del tiempo de cocción, añade las ostras y su licor. Sazona con sal y pimienta antes de servir.

Bagre en Salsa Criolla

Para 3 porciones
Ingredientes:
- 8 oz tomates en cubitos, sin drenar
- 1/4 cup jugo de almeja o caldo de pollo
- 1 1/2 cucharadita de pasta de tomate
- 1/4 taza de cebolla mediana en trozos
- 1/4 taza de pimiento verde en trozos
- 2 cebolletas en rebanadas
- 1/2 tallo de apio, finamente rebanada
- 2 dientes de ajo picados
- 1/4 cucharadita de mejorana seca y hojas de tomillo
- 1/2 cucharadita de semillas de apio
- 1/2 cucharadita de comino molido
- 3/4 lb filete de bagre
- Sal
- Salsa picante

Arroz de Pimiento Rojo
- 3/4 tazas de arroz de grano largo sin cocer

- 1/8 cucharadita de cúrcuma molida
- 1/4 cucharadita de paprika
- 1/2 chile rojo asado, en trozos gruesos

Instrucciones:
1. Mezcla todos los ingredientes para el bagre en salsa criolla, a excepción de los filetes de bagre, sal y salsa picante, en la olla lenta. Tapa la olla y calienta por 4 horas a temperatura alta. Añade el pescado en los últimos 15 minutos. Sazona con sal y salsa picante. Sirve con Arroz de Pimiento Rojo.
2. Para hacer arroz de pimiento rojo, cocina el grano largo de arroz siguiendo las indicaciones de su empaque. Añade la cúrcuma en el agua de cocción. Después de que el arroz esté cocido, añade la paprika y el chile rojo asado y revuelve suavemente para distribuirlo.

Sopa Mexicana de Elote y Camarones

Para 2 porciones:
Ingredientes:
- 1 taza de caldo de vegetales reducidos en sodio
- 2 1/2 tazas de granos enteros de maíz
- 1/3 taza de cebolla en trozos
- 1 chile jalapeño pequeño picado
- 1 diente de ajo picado
- 1 cucharada sopera de hojas frescas o 1 cucharadita de hojas secas de epazote
- 6 oz camarones, pelados y desvenados
- Sal
- Pimienta cayena

Salsa de Pimiento Rojo Asado:
- 1 pimiento rojo grande a la mitad
- ½ cucharadita de azúcar

Instrucciones:
1. En una olla lenta, mezcla todos los ingredientes a excepción del epazote, camarones, sal y pimienta cayena. Tapa la

olla, y calienta por 4 horas a temperatura alta.

2. Vierte la sopa en un procesador de alimentos o una licuadora y añade las hojas de epazote. Licúa hasta quedar suave, y vierte la mezcla nuevamente en la olla lenta. Añade los camarones. Tapa la olla y calienta por 10 minutos a temperatura alta. Sazona con sal y pimienta.

3. Para hacer la salsa de pimiento rojo asado, coloca el pimiento con la piel hacia arriba en una sartén para asar. Asa a una distancia de 4 pulgadas de la fuente de calor, hasta que la piel se haya oscurecido y ampollado. Transfiere el pimiento asado a una bolsa de plástico y déjalo a un lado por 5 minutos. Luego, pela la piel del pimiento. Licúa todo junto con el azúcar en un procesador de alimentos o licuadora hasta que quede suave. La sopa puede servirse caliente o fría. Añade 3 cucharadas soperas de salsa de pimiento rojo asado a cada tazón.

Capítulo 6: Recetas Vegetarianas

Estofado de Alubia Dulce

Para 4 porciones
Ingredientes:

- 30 oz de alubias pinto, lavadas y drenadas
- 14 1/2 oz tomates enlatados en cubitos sazonados con chile, sin drenar
- 1/3 taza de sidra de manzana o jugo de manzana
- 1 taza de pimientos rojos o verdes en cubitos
- 3/4 tazas de cebollas en trozos
- 3/4 tazas de papa dulce en cubitos
- 3/4 taza de calabacín
- 1 cucharadita de ajo picado
- 1 cucharadita de chile en polvo
- 1/2 cucharadita de semillas de comino, ligeramente trituradas
- 1/4 cucharadita de canela molida
- 1/4 taza de pasas
- Sal
- Pimienta

Instrucciones:

1. Mezcla todos los ingredientes juntos a excepción de las pasas, sal y pimienta, en una olla lenta de 3 cuartos.

2. Tapa la olla y calienta por 6 horas a temperatura baja. Añade las pasas en los últimos 30 minutos. Sazona con sal y pimienta antes de servir.

Sopa de Crema de Maíz

Para 2 porciones
Ingredientes:
- 1 3/4 tazas de caldo de vegetales
- 1/4 taza de cebolla en trozos
- 1 papa Idaho pequeña pelada y en cubitos
- 1 diente de ajo picado
- 1/4 cucharadita de cilantro molido
- 7 1/2 oz de granos de maíz entero, drenado
- 1 tomate mediano en trozos
- 1/2 taza de leche reducida en grasa
- 1 cucharada sopera de maicena
- Sal
- Pimienta cayena
- Paprika para decorar

Instrucciones:
1. En una olla lenta, mezcla la cebolla, caldo, papa, ajo y cilantro. Tapa la olla y calienta por 25 minutos a temperatura alta.
2. Vierte la sopa en la licuadora o en el procesador de alimentos y licúa hasta que

quedé suave y espesa. Vierte la mezcla a la olla lenta. Añade el maíz y tomates, después tapa la olla y calienta por 25 minutos a temperatura alta.

3. En un recipiente, mezcla la leche y la maicena, después añádelos a la olla lenta mientras revuelves por 2 minutos. Sazona con sal y pimienta. Sirve la sopa con un cucharón en tazones, y añade una pizca de paprika encima.

Estofado de Vegetales Estilo Colombiano

Para 4 porciones
Ingredientes:
- 14 1/2 oz tomate enlatados en cubitos y sin drenar
- 7 1/2 oz garbanzo, lavados y drenados
- 3/4 taza de caldo de vegetales reducido en sodio
- 1/4 taza de vino blanco seco o caldo de vegetales
- 2 papas medianas, peladas y en cubitos
- 2 zanahorias en rebanadas gruesas
- 2 tallos de apio en rebanadas gruesas
- 1/2 taza de cebolla en trozos
- 1/2 taza de granos enteros de maíz
- 2 dientes de ajo picado
- 1 hoja de laurel
- 1/2 cucharadita de comino seco
- 1/3 cucharadita de hojas secas de orégano
- 3/4 cucharada sopera de vinagre de vino blanco
- 1/2 taza de chícharos descongelados

- 1/4 taza de cilantro en trozos
- Sal
- Pimienta

Instrucciones:

1. Mezcla todos los ingredientes, a excepción del cilantro, chícharos, sal y pimienta, en una olla lenta de 3 cuartos.

2. Tapa la olla y calienta por 4 horas a temperatura alta. Añade los chícharos en los últimos 15 minutos. Añade el cilantro y revuelve para distribuir. Quita la hoja de laurel. Sazona con sal y pimienta antes de servir.

Crema de Ajo de Magia Negra

Para 2 porciones
Ingredientes:
- 7 1/2 oz frijol negro enlatado, lavados, drenados y repartidos
- 7 oz caldo de vegetales reducido en sodio, repartido
- 1/2 cabeza de ajo, los dientes pelados y en trozos
- 1 chile serrano pequeño con semillas y picado
- 1/2 lb tomates pera, en trozos gruesos
- Sal
- Pimiento
- 1/8 taza de cilantro en trozo
- 1/8 taza de crema agria reducida en grasa

Crutones de Chile:
- 3/4 taza de pan estilo francés en cubos duros o del día anterior, ½ pulgada
- Spray vegetal para cocinar
- Chile en polvo

Instrucciones:

1. Vierte 1/3 de taza de frijoles y 1/3 de caldo en un procesador de alimentos o licuadora. Licúa hasta que no tenga grumos. Vierte la mezcla en la olla lenta. Añade los frijoles negros enteros, el resto del caldo, ajo, tomates, y chile en la olla lenta también.

2. Tapa la olla y calienta por 6 horas a temperatura baja. Sazona con sal y pimienta. Sirve en tazones con un cucharón y añade crutones de chile, perejil, y una cucharada de crema agria.

3. Para hacer los crutones de chile, rocía los cubos con spray vegetal para cocinar, luego añade una piza de chile en polvo. Revuelve para cubrir. Coloca una sola capa en una bandeja para hornear. Hornea a 375 grados por 8 minutos o hasta dorar, revolviendo ocasionalmente.

Estofado de Vegetales Estilo Marroquí con Cuscús

Para 6 porciones
Ingredientes:
- 45 oz garbanzo lavados y drenados
- 1 1/2 tazas de caldo de vegetales reducido en sodio
- 1/2 col pequeña, rebanada en 6 gajos
- 1 berenjena mediana, en cubos
- 4 oz zanahoria en rebanadas
- 4 oz papas pequeñas en cubos
- 4 oz nabo en cubitos
- 4 oz ejotes en picados
- 4 oz calabaza sin piel y en cubos
- 4 oz calabaza moscada
- 2 tomates medianos, partidos en 4
- 3/4 taza de cebollas en trozos
- 1 1/2 dientes de ajo picados
- 1 cucharadita de canela molida
- 1/2 cucharadita de paprika
- 1/4 cucharadita de jengibre molido
- 1/4 cucharadita de cúrcuma
- 5 oz corazones de alcachofa descongelada y partidos en 4

- 1/4 taza de pasas
- 1/4 taza de perejil en trozos
- Sal
- Pimienta Cayena
- 4 tazas de cuscús cocido, caliente

Instrucciones:

1. En una olla lenta de 3 cuartos, mezcla los ejotes, caldo, vegetales frescos, ajo, y especias. Tapa la olla y calienta por 5 horas a temperatura baja.

2. Dentro de los últimos 30 minutos, añade los corazones de alcachofa, pasas y perejil. Sazona con sal y pimienta cayena. Sirve encima del cuscús.

Sopa de Champiñones y Alubias en Maple

Para 2 porciones
Ingredientes:
- 1 2/3 tazas de agua
- 7 1/2 oz tomates enlatados (sin drenar, en cubitos)
- 1/3 taza de cebolla en trozos
- 1 dientes de ajo picados
- 1/3 taza de apio en trozos
- 1/3 taza de zanahoria en trozos
- 1/2 cucharadita de hojas secas de ajedrea
- 1/3 cucharadita de semillas de hinojo trituradas
- 1 taza de champiñones blancos o champiñones cremini en rebanadas
- 1 cucharada sopera de jarabe de maple
- 7 1/2 frijoles blancos enlatados, drenados
- Sal
- Pimienta

Instrucciones:
1. En una olla lenta, mezcla todos los

ingredientes, a excepción de los frijoles, sal y pimienta. Calienta a temperatura alta por 4 horas.

2. Añade los frijoles blancos en los últimos 30 minutos. Sazona con sal y pimienta al gusto.

Estofado Argentino

Para 6 porciones
Ingredientes:
- 14 1/2 oz tomates en cubitos, sin drenar y en trozos gruesos
- 1 taza de caldo de vegetales reducido en sodio
- 1/4 de vino blanco seco (opcional)
- 1 1/4 tazas de papas peladas y en cubitos
- 1 1/4 tazas de papas dulces peladas y en cubos
- 1 1/4 tazas de calabaza moscada pelada y en cubos
- 1 taza de cebolla morada (roja) en trozos gruesos
- 1 pimiento verde mediano en trozos
- 3 dientes de ajo picado
- 1 cucharada sopera de azúcar moreno
- 1 cucharada sopera de vinagre de vino blanco
- 1 hoja de laurel
- 1/2 cucharadita de hojas secas de orégano

- 3 mazorcas de maíz, cortadas en pedazos de ½ pulgada
- 1/2 lb calabacín en rebanadas gruesas
- 3 pequeños duraznos, pelados y en mitades
- Sal
- Pimienta

Instrucciones:

1. Mezcla todos los ingredientes a excepción del calabacín, maíz, duraznos, sal y pimienta en una olla lenta de 3 cuartos. Tapa la olla y calienta por 6 horas a temperatura baja.

2. Añade el maíz, calabacín, y duraznos en los últimos 20 minutos. Quita la hoja de laurel. Sazona con sal y pimienta. Sirve tibio.

Sopa de Calabaza de Invierno en Jerez

Para 2 porciones
Ingredientes:
- 3/4 cuarto de caldo de vegetales
- 14 oz tomates enlatados, sin drenar
- 1 calabaza moscada mediana, pelada, con semillas y en cubos
- 2 papas medianas en cubos
- 1/4 tazas de cebollas en trozos
- 1 diente de ajo picado
- 1/2 cucharadita de hojas secas de albahaca
- 1/4 cucharadita de hojas secas de tomillo
- 1/4 cup perejil en trozos
- 2 cucharadas soperas de jerez seco (opcional)
- Sal
- Pimienta

Instrucciones:
1. En una olla lenta, mezcla todos los ingredientes a excepción del jerez, perejil, sal y pimienta. Tapa la olla y calienta por 4 horas a temperatura alta.

2. Añade el perejil en los últimos 20 minutos. Sazona con sal, pimienta y jerez antes de servir.

Capítulo 7: Postres

Crème Brûlée

Para 2 porciones
Ingredientes:
- 3 yemas de huevo
- 1 taza de crema espesa
- 1/4 taza de azúcar glas
- 1/2 cucharada sopera de vainilla pura
- 1/8 taza de endulzante granular

Instrucciones:
1. Coloca dos platos resistentes al calor en tu olla lenta. Cuidadosamente vierte agua hasta que casi esté a la mitad fuera de los platos, asegurándote que los platos queden secos por dentro. Quita los platos nuevamente.
2. En un tazón, bate las yemas de huevo y añade gradualmente la crema espesa, azúcar glas, y la vainilla. Bate hasta que esté completamente combinado. Vierte esto en los platos y después coloca cuidadosamente los platos en la olla lenta, tratando de evitar que no entre nada de

agua en los platos.

3. Tapa la olla y calienta de 2 a 3 horas a temperatura alta. Están listos si el centro sigue un poco suave pero los bordes exteriores del crème brûlée estén más firmes. Usa guantes de cocina para sacar los platos de la olla lenta. Déjalos reposar, luego guárdalos en el refrigerador de 2 a 3 horas antes de servir.

4. Para servir, espolvorea un poco de endulzante granular encima, coloca la rejilla del horno en el peldaño superior y pon a asar el crème brûlée de 3 a 5 minutos. Enfría nuevamente en el refrigerador por al menos 2 horas antes de servir.

Mousse de Chocolate

Para 4 porciones
Ingredientes:
- 1 taza de crema para batir
- 2 yemas grandes de huevos
- 3/4 azúcar glas
- 1/6 taza de café expreso o de sabor fuerte
- 1/2 cucharadita de extracto de vainilla
- 1/2 taza de chocolate para repostería sin endulzar, en trozos finos

Instrucciones:

1. En una olla lenta de 3 cuartos, mezcla la crema, endulzante natural, café expreso o de sabor fuerte, y el extracto de vainilla. Bate los ingredientes hasta que queden completamente combinados, después añade el chocolate.

2. Tapa la olla y calienta por 2 horas a temperatura baja. Cuando el chocolate comience a derretirse, empezarán a salir pequeñas burbujas arriba. Al final del tiempo de cocción, vierte la mezcla en la

licuadora, y licúa a alta velocidad hasta que tenga el doble de volumen.

3. Transfiere la mezcla en los platos para servir y tápalos con plástico para envolver. Antes de servir, refrigera por 2 horas o mejor aún, toda la noche. Añade la crema batida encima si así lo deseas.

Pastel de Pudín Tropical

Para 4 porciones
Ingredientes:
- 1/2 taza de endulzante granular
- 3 yemas de huevos
- 3 claras de huevo
- 1/6 taza de leche de almendras sabor vainilla, sin endulzar
- 1/2 cucharadita de extracto de vainilla
- 1/2 tazas de harina escaldada de almendras
- 3/4 cucharadita de polvo para hornear

Cubierta de Leche:
- 7 oz leche de coco enlatada
- 1/4 taza de leche de almendras sabor vainilla, sin endulzar
- 1/2 pinta de crema para batir
- 1/2 cucharada sopera de azúcar glas

Instrucciones:
1. En un recipiente, bate las yemas de huevo mientras agregas gradualmente 1/3 de taza de endulzante hasta que las yemas se aclaren y tengan un aspecto esponjoso. Añade gradualmente la leche de almendra,

vainilla, harina de almendras, y el polvo para hornear mientras revuelves.

2. En otro tazón, bate las claras de huevo hasta que se empiecen a formar unos picos suaves. Añade gradualmente, el resto de la taza de endulzante. Bate hasta quedar firme pero no seco. Combina la mezcla de claras en la mezcla de yemas.

3. Engrasa una olla lenta de 3 cuartos y vierte la mezcla dentro. Calienta de 3 a 4 horas a temperatura media.

4. Para hacer la cubierta de leche, combina la leche de coco, el endulzante natural, y la leche de almendras junto con 1/8 de taza de crema para batir en un tazón. Coloca a un lado ½ taza de la mezcla de leche en el refrigerador para ser usados en otras recetas. Vierte el resto en el pastel terminado hasta que el pastel lo haya absorbido lentamente.

5. Bate la cantidad restante de la crema para batir hasta que quede espesa y espárcela en todo el pastel. Parte y sirve.

Pastel Glaseado de Arándanos y Naranja

Para 6 porciones
Ingredientes:
- 1/2 taza de aceite de coco o mantequilla
- 1 taza de endulzante granular
- 2 huevos a temperatura ambiente
- 3/4 cucharadita de extracto de naranja
- 1 1/2 taza de harina escaldada de almendras
- 1/2 cucharadita de polvo para hornear
- 1/4 cucharadita de sal de mar
- 3 oz arándanos frescos

Glaseado:
- 1 cucharada sopera de leche de almendras sin endulzar
- 1/2 cucharadita de extracto de naranja
- 1/2 taza de azúcar glas

Instrucciones:
1. Con una mezcladora eléctrica, bate la mantequilla, y mézclala con el endulzante granular. Añade gradualmente los huevos mientras continúas batiendo, después añade el extracto de naranja.

2. En otro recipiente, cierne la harina de almendras junto con la sal y el polvo para hornear. Vierte esta mezcla gradualmente en la mezcla cremosa mientras sigues batiendo. Añade los arándanos y mezcla.

3. Recorta un poco de papel para hornear para que sea de la misma medida que el fondo de la olla lenta de 3 cuartos. Vierte cuidadosamente la mezcla en la olla lenta. Tapa la olla y calienta por 3 horas a temperatura alta, o hasta que después de insertar y sacar un palillo dientes salga limpio.

4. Déjalo reposar para que permitir que se enfríe, luego coloca un plato grande sobre la olla lenta. Voltéala para sacar el pastel. Quita el papel encerado.

5. Para hacer el glaseado, bate los ingredientes juntos en un recipiente hasta que queden suaves. Una vez que el pastel se ha enfriado, añade el glaseado por todas partes y después sirve.

Pastel de Queso con Chocolate y Frambuesa

Para 8 porciones
Corteza:
Ingredientes:
- 1 cucharada sopera de mantequilla o aceite de coco
- 1/2 barra de chocolate con frambuesas, en trozos
- 1/2 taza de harina de almendras o harina de avellanas
- 1/2 taza de endulzante granular
- 1/2 cucharadita de extracto de frambuesa
- 1 huevo

Relleno:
- 1 oz chocolate para repostería sin endulzar, en trozos
- 1/4 taza de leche de almendras sin endulzar
- 16 oz queso crema a temperatura ambiente
- 3/4 taza de azúcar glas
- 1/8 taza de cacao en polvo sin endulzar
- 2 huevos

- 1/2 taza de frambuesas

Cubierta:
- 1/8 taza de crema para batir
- 1/2 barra de chocolate con frambuesas, en trozos
- 1 cucharada sopera de azúcar glas
- 1/2 Cucharada de extracto de frambuesas (opcional)

Instrucciones:

1. Ligeramente engrasa un pequeño plato para soufflé o una cacerola con aceite de coco o de mantequilla. Recorta una pieza de 8x6 pulgadas de papel de aluminio grueso, luego recorta a la mitad, a lo largo. Dobla cada pieza en tercios, luego entrecruza las tiras de aluminio. Coloca un plato en medio del entrecruce para ayudar a levantar cada uno después de que hayas terminado. Déjalo a un lado.

2. Para hacer la corteza, mezcla la mantequilla y la barra de chocolate con frambuesas. Revuelve hasta que el chocolate se haya derretido, luego añade la harina, huevo y el extracto. Presiona la

masa en el plato del soufflé y déjala reposar.

3. Para hacer el relleno, combina el chocolate en trozos y la leche de almendras en un recipiente de metal que está encima de una olla con agua hirviendo a fuego lento. Revuelve hasta que todo haya quedado derretido y sin grumos. Quita el recipiente de la olla cuidadosamente.

4. En un procesador de alimentos o en una licuadora, licúa el queso crema, el cacao en polvo y el endulzante. Añade los 2 huevos, uno a la vez, a manera que licuas. Añade el chocolate tibio del Paso 3 a la mezcla. Añade las frambuesas y revuelve para distribuirlas. Vierte la mezcla en la corteza.

5. Tapa el plato del soufflé firmemente con el aluminio. Llena la olla lenta de 3 cuartos con agua caliente y luego coloca el plato del soufflé cuidadosamente dentro de la olla lenta. Tapa la olla y calienta por 2 horas a temperatura alta o hasta que todo haya quedado listo. Destapa la olla y déjala que se enfríe en una rejilla, después déjalo

enfriar toda la noche antes de servir.

6. Para hacer la cubierta, combina la crema y el chocolate en una olla a fuego lento hasta que hayan quedado sin grumos, luego añade el endulzante. Déjalo enfriar un poco antes de verter la mezcla en el pastel de queso. Déjalo enfriar por 1 hora o hasta que la cubierta esté lista.

Conclusión

Me gustaría agradecerte y felicitarte por haber transitado mis líneas de principio a fin.

Espero que este libro te haya podido ayudar a preparar comidas deliciosas, saludables y fáciles en la olla lenta. Ahora es tiempo de crear planes alimenticios que incluyen más comidas hechas en la olla lenta, especialmente en tus días más ocupados.

¡Te deseo lo mejor de lo mejor!

Parte 2

INTRODUCCIÓN

Si desea volverse vegano, lo está considerando o bien está empezando, puede hallarse confundido acerca de qué alimentos consumir, cómo cocinar mejor y si sus papilas gustativas se adaptarán fácilmente al nuevo sabor. Esto es perfectamente normal. Pero después de unas pocas semanas de experimentar el estilo de vida vegano, puede comenzar a arrepentirse por no haber empezado antes.

Iniciar una dieta basada en plantas puede ser intimidante, especialmente si ha vivido toda su vida tratando de huir de las verduras o frutas. Ser vegano no es tan aburrido o complicado como afirman muchos no veganos. Es una forma económica, saludable y deliciosa de comer. No es difícil. No es aburrida. Es divertida. Es una alegría.

Una comida sabrosa no tiene por qué centrarse en la carne. Las verduras, frutas, legumbres, granos integrales y otros alimentos amigables para los veganos son excelentes ingredientes. Con habilidades básicas de cocina y una despensa bien surtida, podrá preparar deliciosas comidas veganas en su olla de cocción lenta.

Con una olla de cocción lenta, siempre puede dedicar unos minutos cada mañana a preparar los ingredientes y luego dejarlos cocinando en la olla. Para cuando regrese a casa del trabajo, la cena estará lista.

Este libro contiene una colección de sopas veganas de cocción lenta y guisos que cualquiera puede disfrutar. Seleccioné mis recetas favoritas y creo que encontrará un par de ellas muy sabrosas. Todas las recetas son simples de preparar y están hechas de ingredientes que hallará fácilmente en su supermercado local. Si es un cocinero aficionado o perezoso, encontrará estas recetas muy útiles. Sólo elegílas más fáciles porque creo en la simplicidad y sé que nunca disfrutará cocinando si no puede descifrar las recetas.

Espero que estas recetas traigan alegría a su mesa y le hagan enamorarse más profundamente del veganismo. ¡Disfrútelas!

SOPA DE FRIJOL NEGRO

Para 6 porciones.

Preparación: 10 minutos.
Cocina: 6 horas.

Ingredientes:

- 1 libra de frijoles negros secos, remojados durante la noche
- 1 taza de salsa
- 4 tazas de caldo de verduras
- ½ cucharadita de pimentón
- ½ cucharadita de pimienta de cayena molida
- 1 cucharadita de pimienta molida
- 2 cucharaditas de sal
- 2 cucharaditas de comino molido
- 2 jalapeños sin semillas picados
- 1 cebolla amarilla picada
- 1 pimiento rojo picado
- 1 cucharada de ají

Instrucciones:

- Cuando esté listo para cocinar, escurra, enjuague los frijoles y colóquelos en la olla de cocción lenta.
- Añada todos los ingredientes restantes. Mezcle suavemente y cubra.
- Encienda a fuego alto y cocine por 6 horas.
- Deje enfriar unos minutos. Si lo desea, licúe hasta que esté homogéneo antes de servir.
- Se puede servir cubierta con cilantro.

SOPA DE FRIJOL BLANCO

Para 6 porciones.

Preparación: 10 minutos.
Cocina: 6 horas.

Ingredientes:

- 1 libra de frijoles secos, remojados durante la noche
- 1 libra de zanahorias congeladas,

rebanadas,
- 1 taza de tomates secados al sol picados
- 1 patata cortada en cubos
- 1 cebolla picada
- 4 dientes de ajo picados
- 4 cucharadas de perejil fresco picado
- ¼ cucharadita de pimienta negra
- 1 cucharadita de eneldo secado
- 2 cucharaditas de sal
- 2 litros de caldo de verduras

Instrucciones:

- Cuando esté listo para cocinar, escurra, enjuague los frijoles y colóquelos en la olla de cocción lenta.
- Añada todos los ingredientes restantes. Mezcle suavemente y cubra.
- Encienda a fuego lento y cocine por 6 horas.
- Cuando los frijoles se hayan ablandado, déjelos enfriar por unos minutos.
- Si lo desea, licúe hasta que esté homogéneo.
- Sirva con sus ingredientes favoritos.

SOPA VEGANA DE CANNELLINI

Para 6 porciones.

Preparación: 15 minutos.
Cocina: 8 horas.

Ingredientes:

- 1 ½ tazas de frijoles cannellini secos
- 1 taza de patatas dulces en cubos
- 1 ½ tazas de zanahorias finamente picadas
- 1 lata de tomates picados
- 2 hojas de laurel
- ½ cucharadita de romero molido
- 1 cucharadita de albahaca
- 1 cucharadita de mejorana
- 8 tazas de caldo de verduras
- Sal y pimienta al gusto

Instrucciones:

- En la olla de cocción lenta, agregue

frijoles, patatas, zanahorias, tomates, hojas de laurel, sal, pimienta, romero, albahaca, mejorana y caldo de verduras. Cubra la olla.

• Encienda a fuego lento y cocine por 8 horas.

SOPA DE LASAÑA

Para 6 porciones.

Preparación: 10 minutos.
Cocina: 4 horas.

Ingredientes:

• 8 fideos de lasaña rotos en trozos
• ¾ taza de lentejas marrones secas
• 4 ½ tazas de caldo de verduras
• 1 lata (14 onzas) de tomates en cubitos
• 3 tazas de espinacas picadas
• 1 lata (4 onzas) de tomates triturados drenados
• 3 dientes de ajo picados
• 1 cebolla picada

- 1 cucharadita de orégano seco
- 1 cucharadita de albahaca seca

Instrucciones:

- En la olla de cocción lenta, agregue todos los ingredientes a excepción de las espinacas y los fideos.
- Cocine por 4 horas en alto.
- Mezclecon las espinacas y los fideos. Continúe cocinando durante 10 minutos o hasta que los fideos se ablanden.

SOPA MEDITERRÁNEA DE COL

Para 6 porciones.

Preparación: 15 minutos.
Cocina: 4 horas,

Ingredientes:

- 7 tazas de caldo de verduras
- 1 ½ libras de col verde sin corazón,

finamente picada
- ½ taza de eneldo fresco
- 1 taza de salsa de tomate
- 2 patatas picadas
- 2 zanahorias peladas y cortadas en cubitos
- 2 dientes de ajo picados
- 2 cebollas finamente picadas
- 1 hoja de laurel
- ¼ cucharadita de cúrcuma molida
- 1 cucharadita de pimentón
- 1 cucharada de comino molido
- ½ cucharadita de cilantro molido
- Jugo y ralladura de ½ limón
- Sal y pimienta al gusto

Instrucciones:

- En la olla de cocción lenta, agregue todos los ingredientes excepto el jugo y la ralladura de limón y el eneldo.
- Cubra y cocine por 4 horas en alto.
- Agregue el jugo de limón y la ralladura, y el eneldo fresco. Revuelva suavemente para mezclar.

SOPA DE FRIJOLES BLANCOS Y PATATAS

Para 6 porciones.

Preparación: 15 minutos.
Cocina: 6 horas y 30 minutos.

Ingredientes:

- 2 libras de patatas cortadas en cubitos
- 2 latas (15 onzas cada una) de frijoles cannellini
- 2 recipientes (32 onzas cada uno) de verduras
- 3 tazas de col rizada sin costillas
- 3 dientes de ajo picados
- Sal y pimienta al gusto
- 2 cucharaditas de aceite de oliva
- 2 cucharadas de romero fresco, picado
- 1 cebolla amarilla picada

Instrucciones:

- Coloque una sartén a fuego medio y

agréguele aceite.

- Cuando esté caliente, cocine las cebollas hasta que estén blandas, aproximadamente por 5 minutos.
- Agregue el ajo y cocine por 30 segundos más.
- Transfiera la mezcla a la olla de cocción lenta.
- Agregue frijoles, patatas, romero, caldo, sal y pimienta.
- Cocine a fuego lento durante 6 horas.
- Agregue la col rizada y cocine por otros 30 minutos.

SOPA DE CALABAZA

Para 4 personas.

Preparación: 10 minutos.
Cocina: 4 horas.

Ingredientes:

- 2 latas (15 onzas cada una) de puré de calabaza

- 2 ½ tazas de caldo de verduras bajo en sodio
- ½ taza de apio picado
- 2 ½ tazas de zanahoria finamente picada
- 15 onzas de leche de coco
- 1 cucharada de aceite de coco
- ¼ cucharadita de sal
- 4 dientes de ajo picados
- 3 cucharadas de jengibre picado
- 2 hojas de laurel secas

Instrucciones:

- Coloque una sartén a fuego medio-alto y agréguele aceite.
- Cuando esté caliente, añada la cebolla, la zanahoria y el apio.
- Cocine por 3 a 4 minutos, revolviendo ocasionalmente.
- Añada el ajo y el jengibre. Cocine durante 1 minuto.
- Vierta la mezcla en la olla de cocción lenta. Añada todos los ingredientes restantes.
- Cocine durante 4 horas y media a fuego lento.

- Deseche las hojas de laurel.
- Mezcle y sirva. ¡Disfrute!

SOPA FRANCESA DE CEBOLLA

Para 6 porciones.

Preparación: 10 minutos.
Cocina: 8 horas.

Ingredientes:

- 6 cebollas dulces grandes
- 6 tazas de caldo de champiñones
- 6 ramitasde tomillo frescas
- 1 cucharada de azúcar
- 2 cucharadas de margarina vegana
- 2 cucharadas de vinagre de vino tinto
- 2 hojas de laurel frescas
- 1 cucharadita de pimienta negra
- 2 cucharaditas de sal

Instrucciones:

- En la olla de cocción lenta, agregue las cebollas, la hoja de laurel, el tomillo, el azúcar y la margarina.
- Cubra y cocine por 2 horas en alto.
- Agregue todos los ingredientes restantes y cocine por 8 horas a temperatura baja.
- Deseche la hoja de laurel y el tomillo.
- ¡Sirve y disfrute!

SOPA DE REPOLLO Y ZANAHORIA

Para 10 porciones.

Preparación: 10 minutos.
Cocina: 8 horas.

Ingredientes:

- ½ cabeza de col verde picada
- 1 zanahoria mediana pelada y finamente picada
- 5 onzas de pasta de tomate
- 15 onzas de frijoles rojos escurridos y

enjuagados
- 4 tazas de agua
- 4 dientes de ajo picados
- 1 cubo de caldo de verduras
- 1 hoja de laurel
- 1 cebolla finamente picada
- 1 pimiento verde picado
- 1 cucharadita de tomillo seco
- ¼ cucharadita de pimienta negra

Instrucciones:

- Agregue todos los ingredientes en la olla de cocción lenta.
- Cubra y cocine durante 8 horas en posición alta.

SOPA ITALIANA VEGANA

Para 6 porciones.

Preparación: 15 minutos.
Cocina: 6 horas.

Ingredientes:

- 10 onzas de espinacas bebé
- 10 tazas de caldo de verduras
- 2 tallos de apio picados
- 2 dientes de ajo picados
- 1 cebolla amarilla picada
- 3 zanahorias peladas picadas
- ¼ cucharadita de pimienta negra
- 1 cucharada de jugo de limón
- 2 cucharaditas de sal
- 1 taza de pasta
- Para el aderezo: queso parmesano vegano

Instrucciones:

- En la olla de cocción lenta, agregue todos los ingredientes excepto la pasta, las espinacas y el jugo de limón.
- Cubra y cocine por 5 horas a temperatura baja.
- Añada las espinacas y la pasta. Cocine por 20 minutos o hasta que la pasta esté tierna y las espinacas se marchiten.
- Sazone al gusto con jugo de limón, sal y

pimienta.
- Cubra cada porción con quesoparmesano vegano.

SOPA DE TOMATE

Para 6 porciones.

Preparación: 10 minutos.
Cocina: 6 horas.

Ingredientes:

- 2 libras de tomates
- 2 dientes de ajo picados
- 1 zanahoria finamente picada
- ½ cebolla amarilla finamente picada
- ½ taza de leche de almendras sin azúcar
- ¾ taza de albahaca picada
- 4 tazas de caldo de verduras bajo en sodio
- ¼ cucharadita de pimienta negra
- 1 cucharadita de sal marina
- 1 cucharadita de albahaca seca

Instrucciones:

• En la olla de cocción lenta, agregue todos los ingredientes excepto la albahaca y la leche de almendras.
• Cocine durante 6 horas a temperatura baja.
• Mezcle y agregue la albahaca y la leche de almendras, revuelva suavemente, caliente y sirva.

SOPA DE PATATA Y ESPÁRRAGOS

Para 6 porciones.

Preparación: 10 minutos.
Cocina: 4 horas.

Ingredientes:

• 2 patatas picadas
• 1 libra de espárragos cortados en trozos pequeños

- 6 onzas de espinacas bebé frescas
- 4 tazas de caldo de verduras
- 1 cebolla picada
- Jugo de 1 limón
- 2 cucharadas de eneldo fresco, picado
- Sal y pimienta
- 4 dientes de ajo picados

Instrucciones:

- En la olla de cocción lenta, agregue todos los ingredientes excepto el jugo de limón, las espinacas yel eneldo.
- Tape y cocine durante 8 horas.
- Agregue las espinacas y cocine hasta que se marchiten.
- Agregue el eneldo y cocine hasta que esté hirviendo.
- Licúe hasta que quede homogéneo, eche el jugo de limón y sirva.

SOPA DE GUISANTES

Para 6 porciones.

Preparación: 10 minutos.
Cocina: 5 horas y media.

Ingredientes:

- 1 libra de guisantes verdes secos
- 6 tazas de agua
- 5 dientes de ajo picados
- 4 cebolletas en rodajas finas
- 3 tallos de apio rebanados
- 2 hojas de laurel
- 20 granos de pimienta negra
- 1 cebolla cortada en rodajas finas
- 1 cucharada de aceite de oliva extravirgen
- 1 cucharadita de sal marina
- 1 cucharadita de cúrcuma

Instrucciones:

- En la olla de cocción lenta, agregue los guisantes, el ajo, las cebolletas, el apio, las hojas de laurel, la cebolla, la pimienta negra, la cúrcuma, la sal marina, el agua y el aceite de oliva.

- Cubra y cocine por 5 horas y media en alto.
- Deseche la hoja de laurel.
- Mezcle y sirva.

SOPA CALIENTE Y AMARGA

Para 4 personas.

Preparación: 15 minutos.
Cocina: 8 horas.

Ingredientes:

- 2 cucharadas de jengibre fresco rallado.
- 2 cucharadas de caldo vegano con sabor a pollo
- 2 cucharadas de salsa de soja
- 2 cucharadas de vinagre de manzana
- 1 cucharadita de pasta de chile
- 1 cucharadita de aceite de sésamo
- 1 ½ tazas de guisantes frescos
- 4 tazas de agua
- 1 paquete de 15 onzas de tofu firme en cubos

- 8 onzas de brotes de bambú escurridos y rebanados
- 10 onzas de champiñones cortados en rodajas
- 8 hongos shiitake con los tallos removidos, rebanados
- 4 dientes de ajo picados

Instrucciones:

- En la olla de cocción lenta, agregue todos los ingredientes excepto los guisantes.
- Cubra y cocine por 8 horas a baja temperatura.
- Agregue los guisantes y cocine por unos minutos.
- Pruebe y sazone según lo desee.

ESTOFADO SABROSO DE VERDURAS

Para 6 porciones.

Preparación: 15 minutos.
Cocina: 7 horas.

Ingredientes:

- 3 patatas cortadas en cubos
- 3 zanahorias peladas y picadas
- 3 tallos de apio picados
- 4 tazas de caldo de verduras bajo en sodio
- 2 remolachas doradas
- 1 cucharadita de mezcla de hierbas italianas
- 1 cucharadita de comino asado
- 1 cucharadita de polvo de chipotle ahumado
- 1 cebolla picada
- Sal y pimienta
- 8 tomates frescos
- 6 dientes de ajo picados
- 2 cucharadas de azúcar

Instrucciones:

- Agregue todos los ingredientes en la olla de cocción lenta. Revuelva para combinar y cubra.
- Cocine por 7 horas a fuego lento.

- Pruebe y sazone según lo desee.

GUISO DE COLIFLOR Y GARBANZOS

Para 6 porciones.

Preparación: 15 minutos.
Cocina: 4 horas.

Ingredientes:

- 2 latas (15 onzas cada una) de garbanzos, escurridos y enjuagados
- 1 cabeza de coliflor picada
- 1 cucharada de aceite de oliva
- 1 cucharada de jarabe de arce puro
- 1 cucharada de curry en polvo
- 1 cucharada de jengibre fresco picado
- 1 taza de leche de coco
- 2 tazas de caldo de verduras bajo en sodio
- Bolsa de 10 onzas de espinacas bebé
- 14.5 onzas de tomates en cubitos
- ½ cucharadita de pimienta negra molida

- ½ cucharadita de sal marina
- 2 dientes de ajo picados
- 1 pimiento rojo picado
- 1 pimiento verde picado
- 1 cebolla picada

Instrucciones:

- Agregue aceite en una sartén y caliente a fuego medio-alto.
- Cuando esté caliente, agregue el pimiento y las cebollas. Cocine hasta que las cebollas se ablanden, aproximadamente por 5 minutos, revolviendo ocasionalmente.
- Agregue el ajo y cocine por 30 segundos más.
- Vierta la mezcla en la olla de cocción lenta.
- Agregue todos los ingredientes restantes excepto la leche de coco y las espinacas.
- Cubra y cocine por 3 horas en alto.
- Añada la leche de coco y las espinacas. Continúe cocinando durante otros 10 minutos en alto.

GUISO DE FRIJOLES DE OJO NEGRO

Para 8 porciones.

Preparación: 15 minutos.
Cocina: 4 horas.

Ingredientes:

- 4 tazas de caldo de verduras
- 1 taza de tomates hechos puré
- 1 taza de guisantes de ojo negro secos, remojados durante la noche
- 1 chile chipotle picado
- 1 camote cortado en cubitos
- 1 cebolla picada
- 1 pimiento cortado en cubitos
- 2 zanahorias cortadas en cubitos
- 2 tallos de apio picados
- 1 cucharadita de chile en polvo
- 1 cucharadita de salvia seca
- 2 cucharaditas de comino molido
- Cilantro para decorar
- Sal al gusto

Instrucciones:

- En la olla de cocción lenta, agregue todos los ingredientes.
- Cubra y cocine por 4 horas en alto.
- Sirva acompañado de cilantro.

GUISO DE FRIJOLES BLANCOS

Para 10 porciones.

Preparación: 15 minutos.
Cocina: 5 horas.

Ingredientes:

- 2 lb de frijoles blancos enjuagados
- 10 tazas de agua
- 6 tazas de vegetales de hojas verdes picados
- 3 dientes de ajo picados
- 3 tallos de apio picados
- 3 zanahorias peladas y picadas

- 2 cucharadas de sal
- 1 hoja de laurel
- 1 cebolla picada
- 28 onzas de tomates en cubitos
- 1 cucharadita de orégano
- 1 cucharadita de tomillo
- 1 cucharadita de romero
- Pimienta negra al gusto.

Instrucciones:

- En la olla de cocción lenta, agregue todos los ingredientes excepto los vegetales y los tomates.
- Cubra y cocine por 4 horas en alto.
- Agregue los tomates y cocine por 1 hora.
- Añada las verduras y cocine durante unos minutos.
- Pruebe y sazone según lo deseado antes de servir.

GUISO DE INVIERNO CON SEITÁN

Para 6 porciones.

Preparación: 10 minutos.
Cocina: 5 horas.

Ingredientes:

- 2 tallos de apio picados
- 2 tomates picados
- 1 libra de seitán picado
- 3 dientes de ajo picados
- 3 patatas picadas
- 3 zanahorias picadas
- 1 cebolla picada
- ¾ cucharadita de pimienta
- 1 cucharadita de sal
- 2 cucharadas de salsa de soja
- 4 cucharadas de maicena
- 4 cucharadas de agua
- 5 tazas de caldo de verduras

Instrucciones:

- Agregue todos los ingredientes en la olla de cocción lenta.
- Revuelva suavemente para mezclar,

cubra y cocine durante 8 horas a baja temperatura.

GUISO DE PATATA Y COL

Para 6 porciones.

Preparación: 10 minutos.
Cocina: 8 horas.

Ingredientes:

- 1 libra de patatas peladas y picadas
- ½ cabeza de col picada
- 6 tazas de caldo de verduras
- 1 cucharadita de romero
- 1 cucharadita de tomillo
- 1 cebolla picada
- 2 zanahorias peladas y picadas
- 4 dientes de ajo picados
- 2 tallos de apio picados
- Sal y pimienta

Instrucciones:

- En la olla de cocción lenta, agregue las patatas, la col, la cebolla, la zanahoria, el apio, el ajo, el tomillo, el romero y el caldo de verduras.
- Cubra y cocine por 8 horas a temperatura baja.
- Pruebe y sazone con sal y pimienta.

GUISO DE LENTEJAS

Para 10 porciones.

Preparación: 10 minutos-
Cocina: 6 horas.

Ingredientes:

- 16 onzas de lentejas secas
- 32 onzas de tomates en cubitos
- 1 libra de coliflor cortada en flósculos
- 2 hojas de laurel
- 2 tallos de apio picados
- 2 dientes de ajo picados

- 1 cebolla grande picada
- 1 zanahoria grande picada
- 2 puerros picados
- 1 cucharada de tomillo fresco picado
- 1 cucharada de aceite de oliva
- 2 cucharaditas de sal kosher
- 1 cucharadita de comino
- ¼ cucharadita de pimienta negra
- 2 tazas de col rizada picada
- 8 tazas de caldo de verduras bajo en sodio
- ½ cucharadita de cayena

Instrucciones:

- Agregue aceite en la sartén y caliente a fuego medio.
- Agregue las cebollas y cocine por 4 minutos.
- Agregue el ajo y cocine por 1 minuto.
- Transfiera la mezcla a la olla de cocción lenta.
- Agregue lentejas, puerros, coliflor, zanahorias, apio, tomillo, laurel, comino, cayena, sal, pimienta negra, col rizada, caldo de verduras y pimienta negra.

- Cubra y cocine por 6 horas en alto.

GUISO AFRICANO DE MANÍ

Para 6 porciones.

Preparación: 10 minutos.
Cocina: 7 horas..

Ingredientes:

- ¼ taza de maní picado
- 1/3 taza de mantequilla de maní
- 2 tazas de espinacas picadas
- ½ taza de cilantro
- 2 tazas de caldo de verduras
- 1 lata de garbanzos escurridos y enjuagados
- 4 dientes de ajo picados
- 2 patatas dulces cortadas en cubitos
- 1 cucharada de curry en polvo
- 1 cucharadita de chile en polvo
- 1 cucharadita de comino
- 1 cucharadita de sal

- 1 cucharada de aceite de coco
- 2 cebollas amarillas pequeñas picadas
- 1 pimiento rojo picado

Instrucciones:

- En la olla de cocción lenta, agregue patatas dulces, cebollas, ajo, aceite de coco, comino, curry en polvo, sal, chile en polvo, tomates, mantequilla de maní y caldo de verduras.
- Cubra y cocine por 6 horas en alto.
- Añada el pimiento rojo y los garbanzos. Continúe cocinando durante 1 hora a temperatura baja.
- Agregue las espinacas y el cilantro.
- Cocine hasta que esté bien caliente.
- Sirvadecorado con cacahuetes.

GUISO DE CHAMPIÑONES

Para 8 porciones.

Preparación: 10 minutos.

Cocina: 8 horas.

Ingredientes:

- 1 taza de champiñones secos
- 3 tazas de calabacín picado
- 3 tazas de patatas picadas
- 2 tazas de cebollas blancas picadas
- 2 tazas de zanahorias picadas
- 1 taza de granos de maíz
- 1 taza de garbanzos secos
- 8 tazas de caldo de verduras
- 8 onzas de pasta de tomate
- 1 cucharada de perejil picado
- 1 cucharada de romero picada
- ½ cucharada de humo líquido
- 1 ½ cucharadita de pimienta negra
- 1 cucharadita de salvia seca
- 1 cucharadita de orégano seco

Instrucciones:

- En la olla de cocción lenta, agregue todos los ingredientes.
- Cubra y cocine por 8 horas a fuego alto.

www.ingramcontent.com/pod-product-compliance
Lightning Source LLC
Chambersburg PA
CBHW071850070526
44583CB00016B/1629